Für:

Von:

Für meine Familie – zur Erinnerung an die wunderschönen
Weihnachtsfeste der Fales-Familie – K. G.

Für meine Nichten, Kayley und Sophia – S. G.

1. Auflage 2021
Deutsche Erstausgabe
© 2021 Schneiderbuch in der Verlagsgruppe
HarperCollins Deutschland GmbH, Hamburg
Alle Rechte für die deutschsprachige Ausgabe
vorbehalten

Originaltitel: »The Lost Gift. A Christmas Story«
Text © 2016 by Kallie George
Illustrationen © 2016 by Stephanie Graegin
Published in the United States by Schwartz & Wade
Books, an imprint of Random House Childrens
Books, a division of Penguin Random House LLC

This translation published by arrangement
with Random House Children's Books,
a division of Penguin Random House LLC

Druck und Bindung: Livonia Print, Riga
Printed in Latvia · ISBN 978-3-505-14439-4

www.schneiderbuch.de
Facebook: facebook.de/schneiderbuch
Instagram: @schneiderbuchverlag

Kallie George

Das Geschenk der Tiere

EINE WEIHNACHTSGESCHICHTE

Aus dem Englischen von
Karolin Viseneber

Mit Illustrationen von
Stephanie Graegin

SCHNEIDERBUCH

An einem windigen Heiligabend schmiegten sich vier Tiere auf dem Winterwunderberg dicht aneinander. Vor lauter Aufregung spürten sie die Kälte kaum. Sie warteten darauf, den Weihnachtsmann auf seinem Schlitten vorbeifliegen zu sehen.

»Da ist er!«, rief Hase.

»Quatsch«, sagte Eichhörnchen. »Das ist nur eine Wolke.«

»Da ist er!«, rief Hase erneut.

»Quatsch. Das ist nur …«, setzte Eichhörnchen gerade an, aber dieses Mal war es tatsächlich der Weihnachtsmann.

Sie winkten ihm zu, und der Weihnachtsmann winkte zurück. Einen kurzen Augenblick glitzerten die Sterne besonders hell, und die Luft roch nach Tannengrün und Pfefferminze.

Plötzlich wurde der Schlitten des Weihnachtsmanns von einer starken Windböe erfasst. Ein Geschenk fiel wie eine Sternschnuppe zu Boden und landete im Wald.

»Er kommt sicher zurück und holt es«, sagte Hase zuversichtlich.
Die anderen nickten.

Sie warteten und warteten. Aber der Weihnachtsmann kam nicht zurück.
»Was machen wir denn jetzt?«, sorgte sich Hirsch.
»Lasst uns das Geschenk suchen«, schlug Hase vor. »Das würde der
Weihnachtsmann bestimmt von uns erwarten.«
»Er würde erwarten, dass wir nach Hause gehen«, grummelte
Eichhörnchen missmutig.

Aber da flog Vogel bereits los.

»Jetzt kommt endlich! Kommt!«, zwitscherte er.

Sie fanden das Geschenk in einem viereckigen Loch im Schnee.

Hase grub es aus.

Eichhörnchen schüttelte es.
Tschik-tschik-tschik, rasselte es leise.
Hirsch sprang zur Seite. »Was ist das?«

Vogel pickte an dem Papier herum.
»Halt!«, rief Hase. »Es gehört uns nicht.
Schaut her. Da steht etwas.«

»Ich kann es lesen! Ja, das kann ich!«, sagte Vogel und hüpfte
auf das Geschenk. »Für das neue Baby auf dem Bauernhof.
Von Herzen, der Weihnachtsmann«

Das neue Baby! Die Tiere hatten davon gehört. Im Sommer, als die
Bienen brummten und die Erdbeeren besonders süß schmeckten, war
das Mädchen geboren worden.

»Jetzt wird das Baby sein Geschenk nicht bekommen«, sagte Hirsch traurig.

»Wen kümmert's?«, fragte Eichhörnchen. »Es ist schließlich nicht unser Baby.«

»Den Weihnachtsmann«, erwiderte Hase. »Er würde wollen, dass wir es dem Mädchen bringen.«

»Sehe ich etwa aus wie der Weihnachtsmann?«, murrte Eichhörnchen.

»Wenn wir doch nur einen Schlitten hätten …«, warf Vogel ein.

»Einen Schlitten!«, sagte Hase. »Der Weihnachtsmann hat auch einen Schlitten. Lasst uns einen bauen.«

Eichhörnchen grummelte weiter vor sich hin.

Aber Vogel hatte bereits begonnen.

Als der Schlitten fertig war, legten die Tiere vorsichtig das Geschenk
darauf und fuhren los. Die Sterne leuchteten ihnen den Weg.

Alles lief gut, bis sie an einen steilen Berg kamen. Hirsch zog den Schlitten
hoch und immer höher. Hase, Eichhörnchen und Vogel schoben von hinten an.
Endlich waren sie oben und …

WUSCH –

sauste der Schlitten hinunter, weiter und immer weiter …

WUMMS –

landete er in einem Schneehügel.

Eichhörnchen grummelte, half jedoch
trotzdem beim Ausbuddeln.

Die Tiere wurden immer langsamer. Sie gehörten
schon längst ins Bett. Hunger und Müdigkeit brachten sie
fast dazu aufzugeben. Vielleicht hatte Eichhörnchen doch recht,
überlegte Hase. Es war schließlich nicht ihr Baby.
Dann jedoch musste Hase an den Weihnachtsmann denken. Der war
schließlich auch die ganze Nacht unterwegs. Er musste genauso hungrig
und müde sein wie sie. Aber der Weihnachtsmann gab nicht auf.

Hase begann zu singen.

Durch den Winterwunderwald
in seiner weißen Pracht
haben wir uns mit dem Schlitten
auf den Weg gemacht!

Bald stimmten auch Vogel, Hirsch und sogar Eichhörnchen ein.

Dann kamen sie endlich am Bauernhaus an.

Hirsch zog den Schlitten bis zur Türschwelle. Klipp-klapp, klipp-klapp,
klackerten seine Hufe. »Psst!«, flüsterte Eichhörnchen. Aber es war zu spät.
Sie hörten das Baby schreien.

»Ist da jemand?«, fragte eine Männerstimme.

So schnell sie konnten, versteckten sich die Tiere.

Dann sahen sie, wie der Bauer mit dem weinenden Baby auf dem Arm die
Tür öffnete.

»Was ist das?«, fragte der Bauer. Er sah zu dem Geschenk hinunter, aber das Baby
schaute hinaus in die Nacht.

Hatte es sie entdeckt? Die Tiere hielten den Atem an, während der Bauer das
Geschenk aufhob und den Geschenkanhänger las. »Vom Weihnachtsmann«,
sagte er zu dem Baby. »Lass es uns auspacken.« Sie gingen zurück ins Haus.

»Was ist es?«, fragte Hirsch.

»Ich kann es sehen! Ja, das kann ich!«, sagte Vogel. »Es ist ein … es ist ein …«
»Ein Stock«, stöhnte Eichhörnchen. »Ein lausiger alter Stock!
Das ist doch kein Geschenk!«

Sogar Hase war enttäuscht.
Aber das Baby griff nach dem Stock und schüttelte ihn.
Tschik-tschik-tschik, hörten sie ganz leise durchs Fenster.
»Na prima«, sagte Eichhörnchen. »Ein lausiger lärmender Stock.«

Durch die Fensterscheibe starrten sie das Baby an. Das Baby starrte zurück.
Dann lächelte es – sie an!
Einen Moment war es, als wärmten Sonnenstrahlen die kalte Winterluft.
Plötzlich schien es gar nicht mehr so wichtig, dass es nur ein Stock war.
Das Geschenk machte das neue Baby glücklich. Und das machte
die Tiere glücklich.

Leise rieselte der Schnee auf Federn und Fell, als die Tiere sich auf den Heimweg machten. Sie waren zu müde, um zu reden, und zu hungrig, um zu singen, aber niemand von ihnen beklagte sich. Nicht einmal Eichhörnchen.

Über ihnen wichen die Sterne
dem Morgengrauen, das den ersten
Weihnachtstag willkommen hieß.

Als die Tiere schließlich nach Hause kamen, trauten sie ihren Augen kaum.
Dort lag noch ein Geschenk!

»Na toll«, murrte Eichhörnchen. »Nicht schon wieder.«

Vogel las, was auf dem Anhänger stand. »Für meine Tiergehilfen. Frohe Weihnachten. Von Herzen, der Weihnachtsmann«

»Es ist für uns!«, rief Hirsch.
»Wirklich?«, fragte Eichhörnchen verwundert.
»Aber woher wusste er davon?«

»Der Weihnachtsmann weiß so etwas eben«, sagte Hase.